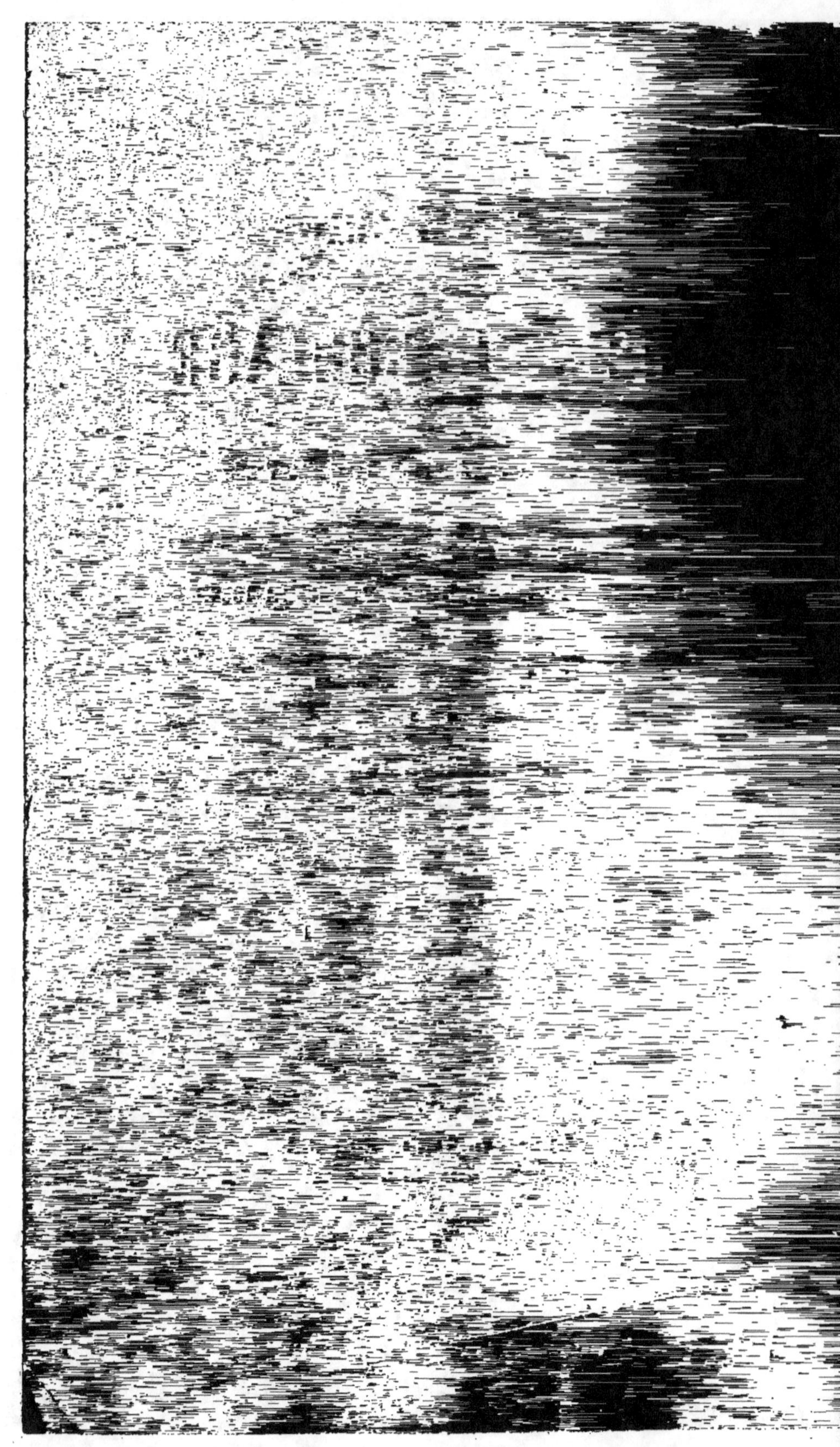

# SUPPLÉMENT AU TRAITÉ

## DE LA

# POLICE DU ROULAGE

### DANS SES RAPPORTS

## AVEC LA COMPÉTENCE DES TRIBUNAUX DE SIMPLE POLICE

CONTENANT

### L'EXPLICATION ET LE COMMENTAIRE

## DU DÉCRET IMPÉRIAL DU 24 FÉVRIER 1858,

QUI MODIFIE ET COMPLÈTE

Plusieurs dispositions du Règlement d'administration publique

du 10 août 1852

## PAR N.-A. GUILBON,

Juge de paix à Palaiseau (Seine-et-Oise),
Auteur du *Traité de la police du roulage*, et l'un des rédacteurs
des *Annales des justices de paix*.

———◦———

## PARIS

### LIBRAIRIE DE DURAND, ÉDITEUR,

RUE DES GRÈS, 7.

——

1858

TYPOGRAPHIE HENNUYER, RUE DU BOULEVARD, 7. BATIGNOLLES.
(Boulevard extérieur de Paris).

Un décret récent, rendu dans la forme des règlements d'administration publique, et qui se rattache à l'exécution de la loi du 30 mai 1851 sur la police du roulage, modifie et complète à la fois quelques-unes des dispositions du décret du 10 août 1852.

Cette circonstance me fournit l'occasion de compléter moi-même par un SUPPLÉMENT le *Traité de la police du roulage*, dans ses rapports avec la compétence des tribunaux de simple police, que j'ai fait paraître l'an dernier.

En publiant ce supplément, mon but n'est pas seulement d'expliquer les dispositions nouvelles et d'en apprécier les effets, je veux examiner aussi, en les faisant connaître, plusieurs décisions intervenues depuis l'apparition de l'ouvrage sur des difficultés entièrement neuves ou déjà résolues, enfin réexaminer quelques-unes de ces difficultés, soit pour maintenir l'opinion que j'ai émise, soit pour la modifier.

Ce petit travail sera précédé du texte entier du décret.

# SUPPLÉMENT

## AU TRAITÉ

# DE LA POLICE DU ROULAGE

---

**Décret impérial du 24 février 1858, promulgué le 4 mars suivant.**

Art. 1er. Les deux derniers paragraphes de l'article 7 du décret du 10 août 1852 sont remplacés par les paragraphes suivants :

« 4° Les voitures chargées dont l'attelage n'excédera pas le
« nombre de chevaux qui sera fixé par le préfet, à raison du
« climat, du mode de construction et de l'état des chaussées,
« de la nature du sol et des autres circonstances locales.

« Les arrêtés pris par le préfet en vertu du paragraphe pré-
« cédent seront soumis, avant leur mise à exécution, à l'appro-
« bation de notre ministre de l'agriculture, du commerce et des
« travaux publics. »

Art. 2. Les préfets pourront appliquer, par des arrêtés spéciaux, aux voitures particulières servant au transport des personnes, les dispositions du premier paragraphe de l'article 15 du
décret du 10 août 1852, relatives à l'éclairage des voitures.

Art. 3. Les préfets pourront restreindre, lorsque la dimension des objets transportés donnera au convoi une longueur nuisible à la liberté ou à la sûreté de la circulation, le nombre des
voitures dont l'article 13 du décret du 10 août 1852 permet la réunion en convoi. Leurs arrêtés seront affichés sur les parties de
route auxquelles ils s'appliqueront.

§ 1ᵉʳ. *Rouliers, voituriers, etc., hors d'état de guider et conduire leurs chevaux ou autres bêtes de trait.*

Le nombre de voitures qui peuvent être conduites par un seul charretier, sur les routes impériales ou départementales et sur les chemins vicinaux de grande communication est réglé par l'article 14 du décret du 10 août 1852. Le n° 3 de l'article 475 du Code pénal ne contient aucune disposition de ce genre qui régisse aujourd'hui le roulage de petite voirie ; mais la Cour de cassation a décidé, par un arrêt du 5 août 1847, que le fait par un seul voiturier de conduire plusieurs voitures constitue une infraction aux prescriptions de ce numéro, par le motif que, dans un tel cas, ce voiturier se trouve dans l'impossibilité de se tenir constamment à portée de son attelage et de remplir les autres obligations qui lui sont prescrites.

Il importe de remarquer, toutefois, que le fait dont il s'agit ne suffit pas à lui seul pour constituer une infraction punissable ; il faut encore qu'en réalité, le conducteur se soit trouvé hors d'état de conduire ses chevaux ou autres bêtes de trait. Cette circonstance doit donc être appréciée par le juge, qui ne commettrait aucune violation de la loi en relaxant le prévenu, s'il reconnaissait qu'elle n'existe pas.

Du reste, bien que les dispositions de l'article 14 du décret de 1852 ne soient point applicables à la conduite des voitures dans les rues et sur les chemins de petite voirie, les tribunaux de police peuvent y trouver les éléments de leur appréciation, lorsqu'ils sont appelés à statuer sur une contravention résultant de la conduite de plusieurs voitures par un seul charretier, sur une voie publique de cette catégorie.

Après avoir fait connaître les modifications apportées par le décret de 1852 à l'article 475, n° 3, du Code pénal, indiqué que l'application de cet article n'est pas subordonnée à l'existence de règlements spéciaux renfermant eux-mêmes les prescriptions et les défenses qu'il contient, et rappelé que l'administration est investie du droit de prescrire les mesures nécessaires pour assurer la commodité et la sûreté du passage sur la voie publique, j'ai cité un arrêt du 11 novembre 1852 qui déclare légal et obligatoire un arrêté préfectoral défendant aux voituriers d'adapter un siége sur le côté de leurs voitures (1).

Un tel arrêté a, en effet, pour but de prescrire l'exacte observation de l'article 475, n° 3, du Code pénal, et ne peut être enfreint sans contravention expresse audit article si, au lieu de se tenir à côté de ses chevaux et en état de les guider, le voiturier se place sur le siége qu'il a fait indûment établir.

Mais il faut bien prendre garde que les pénalités édictées par l'article 475 ne sont applicables qu'autant que le conducteur a fait usage du siége, car c'est seulement alors qu'en n'observant pas l'arrêté, il a, en même temps, enfreint ledit article. S'il était poursuivi, non pour en avoir fait usage, mais seulement pour l'avoir fait adapter à sa voiture, en contravention à la prohibition réglementaire, il serait passible de l'amende portée en l'article 471, par application du n° 15 de cet article, dans lequel l'arrêté trouverait, en ce cas, sa sanction.

§ 2. *Rouliers, charretiers, etc., conduisant un nombre de voitures excédant le nombre réglementaire* (2).

L'article 14 du décret du 10 août 1852, après avoir déterminé le nombre de voitures qui peuvent être placées sous la conduite d'un seul individu, eu égard au nombre de roues sur lesquelles elles sont montées et au nombre de chevaux qui composent leur attelage, porte, dans sa partie finale, qu'en ce qui concerne la traverse des villes, des bourgs et des villages, les maires sont autorisés à déterminer les restrictions qui peuvent être apportées aux dispositions dudit article et à celles de l'article 13, lequel est relatif au maximum des voitures dont un convoi peut être formé et à l'intervalle qui doit rester libre entre chaque convoi.

Cette disposition est assurément fort sage, car ce qui ne présente aucun inconvénient sur une route, en pleine campagne, peut être un danger dans les enceintes habitées où, à la fois,

(1) *Traité de la police du roulage*, p. 63, n° 13.
(2) *Id.*, p. 76 à 81, n° 29 à 30 *quater*.

l'espace est plus circonscrit et la circulation plus active, ce qui nécessite de la part de l'autorité locale l'exercice du pouvoir dont elle est investie dans l'intérêt de la commodité et de la sûreté du passage sur la voie publique.

Lors donc que des arrêtés interviennent en vertu dudit article, les infractions qui y sont commises sont punissables ; mais il importe de remarquer que les contrevenants sont passibles, non des pénalités prononcées par l'article 5 de la loi du 30 mai 1851, qui ne réprime que les contraventions aux dispositions du décret du 10 août 1852 ou à celles de cette loi elle-même, mais de l'amende édictée par l'article 471, n° 15, du Code pénal qui sanctionne, d'une manière générale, les règlements et arrêtés administratifs ou municipaux légalement faits.

On verra au paragraphe suivant les motifs qui me portent à le décider ainsi.


§ 3. *Convois de plusieurs voitures excédant le nombre réglementaire. — Intervalle d'un convoi à l'autre, inférieur à la distance prescrite* (1).


Lorsqu'une certaine quantité de voitures sont illégalement réunies en un même convoi, en ce qu'elles excèdent, par leur nombre, celui qu'a déterminé l'article 13, tous les conducteurs de celles qui dépassent ce nombre ne sont pas toujours et nécessairement en contravention. — Sont seuls punissables, car seuls ils ont enfreint les prescriptions réglementaires, les conducteurs dont les voitures marchent à moins de 50 mètres de distance de la dernière de celles qui forment régulièrement le premier convoi.

Supposons, par exemple, six voitures ou un plus grand nombre, toutes à quatre roues et attelées chacune d'un cheval. La réunion des quatre premières est autorisée et, par conséquent, régulière. Si la cinquième seule est à moins de 50 mètres de la quatrième, et que cet intervalle existe entre celle-ci et la sixième,

_______

(1) *Traité de la police du roulage,* p. 82 à 84, n°ˢ 31 et 32.

il est évident que le conducteur de la cinquième voiture est seul
en contravention.

Mais si, outre cette cinquième voiture, une ou plusieurs autres
de celles qui la suivent marchent à une distance inférieure à
50 mètres de la quatrième, il n'est pas moins incontestable que
toutes sont en contravention, car toutes elles se trouvent dans
l'intervalle qui doit rester libre entre les divers convois qui auraient dû être formés ; leurs conducteurs ne seraient pas fondés à
prétendre qu'il n'y a d'infraction punissable que de la part de
celui dont la voiture devait former la tête du second convoi.

Il s'est présenté devant moi une espèce qui, au premier abord,
pouvait paraître difficile.

Un procès-verbal avait été dressé dans la circonstance que
voici :

A la distance de 40 et quelques mètres d'une voiture attelée de
plusieurs chevaux, marchait une autre voiture ayant un seul cheval, immédiatement suivie d'une troisième du même attelage et
ayant l'une et l'autre le même conducteur, la troisième se trouvant
distante de la première de 50 mètres.

Traduit pour avoir enfreint les prescriptions de l'article 13 du
décret du 10 août 1852, ce conducteur soutenait, pour sa dé-
fense : 1° que la première des deux voitures qu'il conduisait et
qui, comme je viens de le dire, marchait à plus de 40 mètres de
la voiture attelée de plusieurs chevaux, pouvait légalement
suivre celle-ci, sans qu'il existât d'intervalle entre elles ; 2° que,
l'article 14 lui donnant le droit de se charger de quatre voitures,
il avait à plus forte raison la faculté d'en conduire deux et
que cette faculté ne pouvait s'exercer qu'autant que sa seconde
voiture suivrait la première à la seule condition que cette
seconde voiture et celle attelée de plusieurs chevaux seraient di-
stantes de 50 mètres, condition à laquelle il avait d'ailleurs satisfait ; que, dès lors, il n'avait commis aucune contravention.

Une telle prétention ne pouvait être accueillie, car, dans l'espèce, les trois voitures ne pouvaient être réunies en un seul convoi, elles devaient en former deux qui devaient être séparés par
l'intervalle réglementaire, de quelque manière qu'ils fussent formés. Or, comme le conducteur des deux dernières n'eût pu les

isoler sans être hors d'état de guider sûrement ses chevaux, et, par conséquent, sans contrevenir à la première disposition de l'article 14, il ne pouvait exciper du droit qu'il prétendait avoir de joindre l'une des siennes à la voiture attelée de plusieurs chevaux puisque l'autre n'y pouvait être en même temps réunie. La force des choses le contraignait donc à observer la distance prescrite entre la première de ces deux voitures, qui devait alors former tête de convoi, et celle attelée de plusieurs chevaux qui devait marcher isolément.

Ici vient se placer l'une des dispositions du décret du 4 mars 1858, celle de l'article 3, modificative de l'article 13 du règlement du 10 août 1852.

« Les préfets (porte ledit article 3) pourront restreindre, lors-« que la dimension des objets transportés donnera au convoi une « longueur nuisible à la liberté ou à la sûreté de la circulation, le « nombre des voitures dont l'article 13 du décret du 10 août « 1852 permet la réunion en convoi. Leurs arrêtés seront affichés « sur les parties de route auxquelles ils s'appliqueront. »

Il importe de remarquer d'abord que les restrictions que ce texte autorise ne peuvent porter que sur le nombre de voitures dont chaque convoi peut être composé. Ainsi, l'intervalle d'un convoi à un autre, que le règlement fixe à 50 mètres au moins, le nombre de voitures qui peuvent être conduites par un même individu et que détermine l'article 14, ne peuvent être modifiés par l'autorité préfectorale. L'arrêté qui contiendrait de telles modifications serait dépourvu de toute base légale, inobligatoire, par conséquent, et ceux qui refuseraient de l'observer ne seraient passibles d'aucune peine.

Une autre remarque doit être faite. C'est que le nombre de voitures dont le décret du 10 août 1852 permet la réunion ne peut être restreint à l'égard de toutes indistinctement, et quelle que soit la nature de leur chargement. Le pouvoir réglementaire des préfets ne peut s'exercer que dans le cercle tracé par la disposition qui leur confère le droit d'agir. Ainsi, c'est seulement lorsque la dimension des objets transportés est susceptible de donner au convoi une longueur nuisible à la liberté ou à la sûreté de la circulation que des arrêtés peuvent modifier la formation des convois en réduisant le nombre des voitures dont ils peuvent être composés.

Mais, dès l'instant qu'un arrêté de ce genre, applicable aux voitures qui circulent avec un chargement déterminé, a été pris par l'autorité préfectorale, l'infraction qui y est commise doit être réprimée sans qu'il soit permis aux tribunaux de déclarer que les choses transportées n'avaient point une longueur nuisible. L'administration seule a le droit d'apprécier quels peuvent être les objets dont le transport est susceptible de réclamer l'exercice du pouvoir dont elle est investie.

Les actes émanés du pouvoir réglementaire participent du caractère des lois, et comme elles ils ne deviennent obligatoires que lorsqu'ils ont été publiés. Les citoyens ne sont tenus de les observer que quand ils en ont eu légalement connaissance; jusque-là, ils ne sauraient être punis pour avoir enfreint des dispositions qu'ils sont réputés ignorer.

En thèse générale, la publication des arrêtés préfectoraux, s'appliquant à la généralité des individus, consiste dans leur insertion au recueil des actes administratifs du département et dans leur envoi aux maires des communes qui sont chargés de les faire annoncer et placarder dans les lieux et dans les formes ordinaires.

Mais, dans la matière qui m'occupe, l'article 3 du décret du 4 mars 1858 prescrit un autre mode de publication, analogue à l'annonce, sur place et au moyen de poteaux indicateurs, des parties de routes à l'égard desquelles le décret du 10 août 1852 autorise l'emploi de chevaux de renfort. Ledit article exige que les modifications relatives à la formation des convois soient affichées sur les parties de routes auxquelles ils s'appliquent; c'est là un mode de publicité véritablement effective, en ce qu'elle avertit les rouliers et conducteurs de voitures, pour la plupart étrangers au département où ils circulent, des prescriptions de l'autorité, sur le lieu même où ils les doivent accomplir. Toute autre publication que celle spécialement exigée n'aurait pas l'effet de rendre ces prescriptions obligatoires.

Les arrêtés préfectoraux dont il s'agit trouvent-ils leur sanction dans l'article 5 de la loi du 30 mai 1851, aussi bien que l'article 13 du réglement du 10 août 1852, dont ils modifient les dispositions, ou bien dans l'article 471, n° 15, du Code pénal?

Je n'hésite pas à penser que l'article 5 de la loi du 30 mai est seul applicable.

On a vu au paragraphe précédent que les maires peuvent aussi restreindre les dispositions de l'article 13, en ce qui concerne la traverse des villes, bourgs et villages, et j'ai dit que la désobéissance à leurs arrêtés est punissable de l'amende de 1 à 5 francs, portée audit article 471.

Au premier abord, ces deux solutions paraissent contradictoires. On pourrait dire que les mesures dont il s'agit, qu'elles soient prescrites par les maires ou par les préfets, ont le même but de protection : restreindre, dans un intérêt de liberté de circulation et de sécurité publique, le nombre des voitures dont chaque convoi peut être formé; qu'elles découlent de la même source, puisqu'elles sont autorisées par le pouvoir central; que, dès lors, elles se rattachent les unes et les autres à la loi du 30 mai 1851 dont, en définitive, elles assurent l'exécution, et que, par voie de conséquence, ceux qui les enfreignent doivent être soumis aux mêmes pénalités.

Mais cette contradiction n'est qu'apparente, et l'on va voir que les arrêtés préfectoraux et municipaux, quoique relatifs au même objet, n'ont pas la même base légale et ne sauraient avoir la même sanction.

En apportant à la formation des convois les restrictions autorisées par l'article 3 du décret du 4 mars 1858, les préfets agissent en vertu d'une délégation du pouvoir exécutif, chargé lui-même, par l'article 2 de la loi du 30 mai 1851, d'assurer l'exécution de cette loi; les mesures qu'ils prescrivent et qu'ils peuvent appliquer à toutes les parties de routes qui leur paraissent nécessiter leur intervention ont donc pour objet un intérêt de police du roulage général; les dispositions des arrêtés qu'ils prennent se lient étroitement aux dispositions de l'article 13 du réglement du 10 août 1852 qu'elles modifient et avec lesquelles elles se confondent. Nul doute, dès lors, que les unes et les autres aient la même sanction et qu'elles la trouvent dans l'article 5 de la loi elle-même.

Mais il en est autrement des arrêtés des maires. Les restrictions qu'ils apportent en ce qui concerne la formation des convois et le nombre de voitures qui peuvent être placées sous la conduite d'un seul charretier sont limitées aux parties de route placées dans la traverse des villes, bourgs et villages. Ces arrêtés ont trait beaucoup moins à la police du roulage proprement dit qu'à la police de la voirie urbaine placée dans leurs attributions par l'article 3 de la loi des 16-24 août 1790.

Par la disposition finale de l'article 14 du décret du 10 août 1852, l'autorité centrale n'a point transporté aux maires une portion des pouvoirs qu'elle tient de la loi du 30 mai, elle n'a fait que leur reconnaître un droit préexistant : celui de prescrire les mesures qu'ils croient utiles pour assurer la sûreté et la commodité du passage sur les voies publiques qui sont de leur domaine.

Si donc les arrêtés municipaux ont pour objet un intérêt de police purement locale, et non l'intérêt de la police générale du roulage, ils assurent l'exécution de la loi de 1790, et non de celle du 30 mai 1851; par conséquent, ils puisent leur sanction, non dans cette loi, mais dans l'article 471, n° 15, du Code pénal.


## § 4. *Rapidité, mauvaise direction des voitures.*


Le décret du 10 août 1852 ne contient aucune disposition qui soit relative à la rapidité et à la mauvaise direction des voitures. Les infractions aux prescriptions de l'autorité locale restent donc placées, à quelque catégorie qu'appartienne la voie publique sur laquelle a lieu la circulation, sous l'application du n° 4 de l'article 475 du Code pénal.

Toutefois, il importe de remarquer que le mode de conduite des voitures de messageries est réglementé par les divers articles du titre III du décret du 10 août, comme il l'était auparavant par l'ordonnance royale du 16 juillet 1828.

L'article 26 de cette ordonnance défendait aux postillons de conduire les voitures au galop sur les routes, autrement qu'au petit trot dans les villes ou communes rurales, et au pas dans les rues étroites. Cette prohibition, ainsi que la Cour de cassation l'a décidé (1), trouvait sa sanction dans le nº 4 de l'article 475 du Code pénal; mais la disposition de l'article 26 de l'ordonnance du 16 juillet 1828 n'a pas été reproduite par le décret réglementaire du 10 août 1852. Seulement, l'article 34 enjoint aux postillons ou cochers des voitures de messageries d'observer, dans la traversée des villes et des villages, les règlements de police concernant la circulation dans les rues.

Il en résulte qu'aujourd'hui les postillons ou cochers qui font aller leurs chevaux au galop sur la route ne commettent aucune infraction, et que le fait d'imprimer à leurs voitures une marche trop rapide, dans la traverse des rues des villes et villages, n'est punissable qu'autant qu'il est défendu par un règlement ou arrêté de police locale.

Dans ce dernier cas, quelle sera la peine à appliquer?—Sera-ce l'amende édictée par l'article 475, nº 4, du Code pénal, et l'emprisonnement facultatif de un à trois jours autorisé par l'article 476, ou l'amende de 16 à 200 francs et l'emprisonnement de six à dix jours prononcés par l'article 6 de la loi du 30 mai 1851?

En d'autres termes, les règlements dont il s'agit trouvent-ils, à l'égard des postillons ou cochers des voitures de messageries, leur sanction dans les anciennes dispositions du Code pénal, ou, comme le décret de 1852 lui-même, dans la législation nouvelle?

Dans mon *Traité* (2), j'ai adopté cette dernière opinion, me fondant sur ce que, dans un tel cas, les postillons et cochers enfreignent, non-seulement le règlement local, mais aussi l'injonction qui leur est faite de l'observer par l'article 34 du décret du 10 août 1852; or, ai-je dit, la disposition de cet article, établie, comme celles qui la précèdent ou la suivent, en exécution des nᵒˢ 2 et 5 du paragraphe 3 de l'article 2 de la loi du 30 mai 1851, a nécessairement pour sanction l'article 6 de cette loi, qui punit de peines correctionnelles toutes les contraventions aux règlements rendus en vertu de ce troisième paragraphe.

(1) Arrêt du 4 mai 1848 (Dev., 1848, p. 667; *J. du Pal.*, 1848, t. II, p. 263; ANNAL. DES JUST. DE PAIX, 1ʳᵉ série, t. V, p. 475, vᵒ *Voirie*, nº 90),
(2) Pages 84 et 85, nº 33.

Mais, depuis la publication de ce *Traité*, et après nouvel examen, j'ai changé d'opinion, et je pense aujourd'hui que les arrêtés de police relatifs à la rapidité et à la direction des voitures, en ce qui concerne la traverse des villes, bourgs et villages, trouvent leur sanction dans la disposition de l'article 475, n° 4, du Code pénal, alors même qu'il s'agit des voitures de messageries.

L'article 6 de la loi du 30 mai 1851 n'accorde de sanction qu'aux règlements rendus en vertu du troisième paragraphe de l'article 2 de cette loi. Or, les arrêtés dont il s'agit, pris dans la sphère d'attributions de l'autorité municipale, se rattachent, non à la disposition de ce paragraphe, mais à l'article 3 de la loi des 16-24 août 1790, qui, comme je l'ai dit précédemment, investit cette autorité du pouvoir de prendre les mesures qu'elle juge utiles dans l'intérêt de la liberté de la circulation et de la sûreté publique.

Sans doute, l'article 34 du décret du 10 août 1852 impose aux postillons et cochers l'obligation d'observer ces prescriptions, mais c'est là, à vrai dire, non une réglementation puisqu'elle n'est point générale, mais une mesure d'ordre n'ayant d'autre but que d'indiquer que, là où elles existeraient, les conducteurs de voitures publiques ne pourraient invoquer le silence de ce décret pour se dispenser de s'y conformer.

D'ailleurs, il répugne d'admettre, d'une part, que les infractions à de simples arrêtés locaux puissent avoir le caractère de délits, et, d'autre part, qu'elles fussent punissables de peines différentes (correctionnelles ou de police), selon que la traverse d'une ville ou commune dans laquelle ces infractions seraient commises fait ou non partie des grandes voies de communication auxquelles seules s'appliquent la loi du 30 mai 1851 et le règlement qui en assure l'exécution.


§ 5. *Course de chevaux, bêtes de trait, de charge ou de monture,*
*dans l'intérieur d'un lieu habité.*


Des animaux auxquels s'applique la disposition.

La première disposition de l'article 475, n° 3, du Code pénal, qui punit ceux qui ont fait ou laissé courir les chevaux, bêtes de trait, de charge ou de monture dans l'intérieur d'un lieu habité, s'applique aux chevaux et autres bêtes attelées , soit aux voitures particulières, servant au transport des personnes, soit à celles qui sont employées ou destinées au transport des marchandises. C'est là un point que je crois avoir démontré (1).

Mais elle ne s'applique point aux voitures des messageries ni aux malles-postes.

Elle ne s'applique point aux voitures des messageries, qui en sont soumises, quant à leur mode de conduite dans la traverse des villes, bourgs et villages, qu'à l'observation des règlements locaux, s'il en existe.

Elle ne s'applique point non plus aux malles-postes, dont la conduite n'est soumise à d'autres dispositions réglementaires que celles qui régissent l'administration dont elles dépendent et par laquelle elles sont dirigées (2). Aussi a-t-il été jugé que le fait, par le conducteur d'une malle-poste, d'avoir fait ou laissé courir ses chevaux au galop dans l'intérieur d'un lieu habité, ne tombe pas sous l'application de l'article 475, n° 4, du Code pénal (3).

Mais il faut bien prendre garde qu'on ne doit pas considérer comme malle-poste la voiture d'un particulier qui transporte des dépêches par entreprise. Le conducteur d'une telle voiture reste soumis aux règlements locaux et aux prescriptions de la loi, en ce qui concerne la direction et la rapidité de sa voiture. Cette règle, écrite déjà dans l'article 37 de l'ordonnance royale du 16 juillet 1828 et reproduite par l'article 40 du décret réglementaire du 10 août 1852, dont elle forme la disposition finale, a été consacrée par la Cour de cassation (4).

(1) *Traité de la police du roulage*, p. 90 à 93, n° 44.

(2) Cass., 8 avril 1836 (Dalloz, *Nouv. rép.*, t. IX, p. 496, v° *Commune*, n° 1023, note 2), 25 avril 1840 (Dev., 1841, p. 240), 4 nov. 1841 (Dev., 1842, p. 71 ; *J. du Pal.*, 1842, t. I<sup>er</sup>, p. 208), 9 juin 1843 (Dev., 1844, p. 40 ; *J. du Pal.*, 1843, t. II, p. 473).

(3) Cass., 4 mai 1848 (Dev., 1848, p. 667; *J. du Pal.*, 1848, t. II, p. 263 ; ANNAL. DES JUST. DE PAIX, 1<sup>re</sup> série, t. V, p. 475, v° *Voirie*, n° 90).

(4) Arrêt du 20 septembre 1845 (Dalloz, 1846, p. 52).

### Contraventions multiples.

Lorsqu'un conducteur a abandonné sur la voie publique ses chevaux, attelés ou non, et que ces chevaux sont trouvés courant dans l'intérieur d'un lieu habité, ce conducteur a-t-il commis deux contraventions distinctes, et doit-il être prononcé contre lui une double peine, l'une par application du n° 4 de l'article 475 du Code pénal, pour avoir laissé courir les chevaux, l'autre pour ne s'être pas tenu à portée de les conduire et de les guider, par application du n° 3 du même article, ou des articles 5 de la loi du 30 mai 1851 et 14 du règlement du 10 août 1852, selon qu'il s'agit de bêtes attelées ou non attelées, et, dans le premier cas, que l'abandon a eu lieu sur une route, sur un chemin ou dans une rue dépendant de la grande ou de la petite voirie?

La raison de douter vient de ce que le fait seul d'abandon constitue une contravention punissable indépendamment des suites qu'il peut avoir, et encore qu'il n'en ait aucune, et que la course des animaux, que la loi prohibe et qu'elle réprime, bien qu'elle ait eu lieu sans le concours de la volonté, ni même de la négligence du maître, paraît, dès lors, constituer une seconde infraction; mais la raison de décider doit, ce semble, être puisée dans cette circonstance qu'en une telle hypothèse, la course des chevaux n'est point un fait nouveau et indépendant du fait d'abandon, dont il est, au contraire, une conséquence accidentelle. Le conducteur, en définitive, n'a commis qu'un seul acte de négligence ou d'imprudence, celui d'abandonner ses chevaux et de les laisser à eux-mêmes. Cet acte peut changer de nature, avoir plus ou moins de gravité, selon les résultats qui en ont été la suite, mais il ne cesse pas d'être unique et ne peut, dès lors, constituer qu'une contravention ni entraîner qu'une seule peine.

Il importe seulement de remarquer que, si l'article 475 du Code pénal se trouve en concours avec la loi du 30 mai 1851, c'est la peine édictée par cette loi qui doit être appliquée, car elle est la plus forte, en ce sens que l'emprisonnement, seulement facultatif, suivant l'article 476, est obligatoire d'après l'article 5 de la loi du 30 mai.

#### Homicide, coups ou blessures.

Lorsque la course des animaux dans l'intérieur d'un lieu habité a causé soit un homicide, soit des coups ou des blessures à quelqu'un, cette circonstance est constitutive d'une infraction différente qui revêt le caractère d'un délit, punissable correctionnellement, par application, suivant le cas, de l'article 319 ou de l'article 320 du Code pénal. Ce principe, incontestable d'ailleurs, admis par les auteurs (1), a été formellement consacré par arrêt de la Cour de cassation, qui décide que, quand des blessures ont été occasionnées par la course d'un cheval qui a parcouru au grand trot l'intérieur d'un lieu habité, l'infraction constitué, non plus la contravention que prévoit le n° 4 de l'article 475 du Code pénal, mais un délit (2).

## § 6. *Eclairage des voitures.*

#### Des voitures qui sont soumises à l'éclairage.

L'obligation de l'éclairage, prescrite par l'article 15 du décret réglementaire du 10 août 1852, est une des mesures de police prises en exécution du n° 5, § 2, de l'article 2 de la loi du 30 mai 1851, et a pour sanction les peines édictées par l'article 5 de cette même loi.

Mais elle concerne exclusivement les voitures qui ne servent point au transport des personnes.

Elle ne saurait donc être étendue aux voitures des messageries, qui, à cet égard, sont soumises aux prescriptions de l'article 28 du décret, ayant pour sanction l article 6 de la loi, qui punit l'infraction de peines correctionnelles. Mais ces prescriptions sont inapplicables aux voitures publiques qui desservent les routes des pays voisins et qui partent des villes frontières ou qui y arri-

(1) V. Carnot, *Comment. du Code pén.*, t. II, sur l'art. 475, n° 18; Chauveau et Hélie, *Théorie du Code pénal*, 2ᵉ édit., t. VIII, p. 373; 3ᵉ édit., t. VI, p. 374; Dalloz, *Nouv. rép.*, t. XIV, vᵒ *Contrav.*, n° 315.

(2) Arrêt du 16 déc. 1854 (Dev., 1855, p. 684; *J. du Pal.*, 1856, t. Iᵉʳ, p. 89; ANNALES DES JUST. DE PAIX, 1855, p. 100).

vent. L'article 41 du même décret exige seulement qu'elles soient solidement construites, et les affranchit de toutes les autres prescriptions réglementaires.

Toutefois ces voitures restent soumises aux prescriptions antérieures de l'autorité locale ou préfectorale, prescriptions que le décret de 1852 a laissées subsister. C'est ainsi que la Cour de cassation a décidé qu'une voiture publique faisant régulièrement le trajet de Ferney (France) à Genève (Suisse) est assujettie à l'obligation d'être éclairée, en exécution d'un arrêté du préfet du département de l'Ain, antérieur à la législation nouvelle, et applicable à toutes les voitures publiques qui circulent dans ce département, et cela, dit l'arrêt, attendu que, si la disposition de l'arrêté a été remplacée, pour les voitures publiques ordinaires, par l'article 28 du décret de 1852, avec lequel elle se confond, elle ne l'a pas été pour les voitures publiques qui desservent les routes des pays voisins, puisque, d'après l'article 41, la disposition de l'article 28, comme toutes les autres dispositions du titre III, ne s'applique pas à cette espèce de voitures (1).

Si l'on doit reconnaître, avec la Cour suprême, que le décret de 1852 a laissé subsister, à l'égard des voitures des messageries étrangères circulant en France, l'obligation de l'éclairage à laquelle les règlements locaux les avaient antérieurement soumises, peut-on, en présence de l'article 41, décider que les préfets et les maires peuvent la leur imposer aujourd'hui ?

Pour la négative, on pourrait dire que ce serait accorder à l'autorité locale le droit de soumettre ces voitures à des mesures auxquelles le pouvoir central n'a pas voulu qu'elles fussent assujetties.

Je crois, cependant, que c'est dans le sens contraire que la question doit être résolue. Le maintien des prescriptions réglementaires antérieures implique nécessairement la parfaite légalité des prescriptions nouvelles, et, en les édictant, dans les limites des pouvoirs que les lois lui confèrent, l'administration ne contredit nullement la disposition de l'article 41, disposition qui affran-

(1) Arrêt du 9 janv. 1857 (Dev., 1857, p. 882; *J. du Pal.*, 1857, p. 539; ANNALES DES JUST. DE PAIX, 1857, p. 203).

chit bien les voitures publiques étrangères de l'éclairage, ainsi que
des autres règles établies par le décret, mais qui ne défend point
aux autorités locales de le leur imposer dans l'intérêt de la sûreté
publique qu'elles sont chargées de protéger.

La mesure de l'éclairage, prescrite par l'article 15 du règlement du 10 août 1852, est également inapplicable aux voitures
particulières servant au transport des personnes. Plusieurs arrêts
ont sanctionné ce principe incontestable (1).

Toutefois la loi du 30 mai 1851 et le décret d'exécution ne
dérogent point, en ce qui concerne ces voitures, à l'attribution
générale que l'autorité administrative tient des lois des 16-24
août 1790, 18-22 juillet 1791 et 18 juillet 1837, pour assurer la
liberté de circulation, la commodité et la sûreté publiques. Aussi
a-t-il été décidé, par de récents arrêts, qu'on doit accorder force
obligatoire à un arrêté préfectoral qui prescrit que les voitures
particulières ou de louage, servant au transport des personnes,
ne puissent circuler pendant la nuit sur les routes impériales ou
départementales et sur les chemins vicinaux de grande communication, sans être pourvues d'un falot ou d'une lanterne allu-
mée ; que l'infraction à ces dispositions rend son auteur passible de l'amende édictée par l'article 471, n° 15, du Code pénal (2).

Ces décisions ont-elles conservé leur applicabilité depuis la promulgation du décret impérial du 4 mars 1858 ?

Cette question mérite d'être examinée avec beaucoup d'at-
tention.

L'article 2 de ce décret dispose ainsi : « Les préfets pourront
« appliquer par des arrêtés spéciaux, aux voitures particulières
« servant au transport des personnes, les dispositions du pre-

(1) Arrêts des 27 août 1853 (Dev., 1854, p. 71 ; *J. du Pal.*, 1854, t. I<sup>er</sup>,
p. 500 ; ANNALES DES JUST. DE PAIX, 1854, p. 99), 20 avril 1854 (Dev.,
1854, p. 486 ; *J. du Pal.*, 1854, t. II, p. 561 ; ANNALES DES JUST. DE PAIX,
1854, p. 299) ; 8 fév. 1856 (*J. du Pal.*, 1857, p. 1024 ; ANNALES DES JUST.
DE PAIX, 1856, p. 289) ; Rouen, 27 juillet 1857 (ANNALES DES JUST. DE PAIX,
1858, p. 57) ; Cass., 29 janv. 1858 (ANNALES DES JUST. DE PAIX, 1858,
p. 179).

(2) Cass., 10 oct. 1856 (Dev., 1857, p. 70 ; *J. du Pal.*, 1857, p. 289) ;
Rouen, 27 juill. 1857 (ANNALES DES JUST. DE PAIX, 1858, p. 57).

« mier paragraphe de l'article 15 du décret du 10 août 1852,
« relatives à l'éclairage des voitures. »

Au premier abord, ce texte paraît répondre à un besoin général
et faire droit à de justes réclamations. On se demandait, en effet,
comment la législation nouvelle était restée muette relativement à
l'éclairage des voitures particulières qui parcourent quelquefois de
grandes distances et voyagent fréquemment la nuit, alors d'ailleurs que l'article 15 du règlement du 10 août 1852 a autorisé les
préfets et les maires à étendre cette mesure aux voitures d'agriculture qui n'empruntent qu'assez rarement les grandes voies
publiques et qui circulent rarement aussi avant le lever ou après
le coucher du soleil.

Comme on vient de le voir, les conducteurs de voitures particulières pouvaient être assujettis à l'obligation de l'éclairage par
arrêtés des préfets ou des maires ; mais le silence du règlement de
1852 autorisait, en quelque sorte, celui de l'autorité départemen-
tàle ou municipale, et il est permis d'espérer aujourd'hui que les
préfets mettront à profit la disposition de l'article 2 du décret du
4 mars 1858, et que, de très-exceptionnelle qu'elle était pour les
voitures particulières destinées au transport des personnes, la
mesure de l'éclairage deviendra générale, ou à peu près.

Mais quelle sera la peine applicable aux infractions dont peuvent être l'objet les arrêtés préfectoraux qui étendent l'obligation
de l'éclairage aux voitures de cette catégorie. Sera-ce l'amende
de 1 à 5 francs, portée en l'article 471, n° 15, du Code pénal ?
Sera-ce l'amende de 6 à 10 francs et l'emprisonnement de un à
trois jours prononcés par l'article 5 de la loi du 30 mai 1851 ?

La solution qui se présente à l'esprit tout d'abord est que, la
disposition de l'article 15 du règlement du 10 août 1852 étant
étendue aux voitures particulières, l'arrêté pris dans ce but doit
avoir la même sanction que le règlement lui-même dont il devient ainsi le complément ; que le conducteur d'un véhicule particulier, en négligeant de l'éclairer, contrevient non-seulement à
l'arrêté préfectoral qui lui en impose l'obligation, mais à ce même
article 15, dont les prescriptions lui sont rendues applicables ; et
que, dès lors, il encourt les pénalités établies par l'article 5 de la
loi du 30 mai.

Sans doute, telle a été la pensée qui a inspiré le décret du 4 mars 1858. Le pouvoir central a eu l'intention d'assimiler, quant à la mesure de l'éclairage et dans les localités où les préfets jugeraient utile qu'il en fût ainsi, les voitures particulières aux voitures du roulage proprement dit, assimilation qu'il avait autorisée déjà relativement aux voitures d'agriculture, par la disposition finale de l'article 15, précité.

S'il en était autrement, si le pouvoir central eût supposé que les mesures qui seraient prescrites en vertu de l'article 2 du décret de 1858 n'auraient d'autre sanction que l'amende édictée par l'article 471 du Code pénal, la disposition nouvelle eût pu lui paraître inutile, puisque, à son défaut, les préfets et les maires étaient investis déjà, comme on l'a vu précédemment, du pouvoir d'astreindre les conducteurs des voitures particulières à les pourvoir d'une lanterne, lorsqu'ils voyagent pendant la nuit.

Cependant, je doute que les textes de la loi du 30 mai permettent d'accepter cette solution, et d'assimiler, quant aux pénalités, les infractions aux arrêtés préfectoraux qui prescriront l'éclairage en vertu de l'article 2 du récent décret aux contraventions dont l'article 15 du règlement du 10 août 1852 peut être l'objet de la part des conducteurs des voitures de roulage.

L'article 2 de ladite loi porte : « Des règlements d'administration « publique déterminent : ..... § 2. *Pour les voitures ne servant* « *pas au transport des personnes*..... 4° Le nombre des voitures « qui peuvent être réunies en un même convoi, l'intervalle qui « doit rester libre d'un convoi à un autre, et le nombre de « conducteurs exigé pour la conduite de chaque convoi; — « 5° Les autres mesures de police à observer par les conduc- « teurs, notamment en ce qui concerne le stationnement sur les « routes et les règles à suivre pour éviter ou dépasser d'autres « voitures. »

Et l'article 5 de la même loi réprime toute contravention aux règlements rendus en exécution des n°ˢ 4 et 5 du deuxième paragraphe de l'article 2.

Or, comment puiser dans cet article, qui ne sanctionne que les règlements concernant la circulation des voitures *ne servant pas au transport des personnes,* le droit d'appliquer les peines qu'il établit aux individus qui contreviennent à un règlement relatif à la circulation des voitures particulières *servant au transport des personnes ?*

Il y a plus, c'est que le pouvoir exécutif n'est point autorisé par la loi du 30 mai à imposer l'obligation de l'éclairage à cette catégorie de voitures, dont la loi ne s'est point occupée et qu'elle a totalement laissées en dehors de ses prévisions.

Les dispositions réglementaires qui prescrivent cette mesure ne peuvent trouver leur point d'appui que dans le n° 5, § 2, de l'article 2, dont je viens de rapporter le texte, et qui ne concerne que les voitures destinées au transport des marchandises, ou dans le n° 5, § 3, du même article, qui n'est relatif qu'aux voitures des messageries.

L'autorité centrale a, sans doute, comme les préfets et les maires qui ne sont que ses délégués, le droit d'ordonner les mesures de police sur les objets que la loi a confiés à la vigilance du pouvoir municipal, au nombre desquelles il faut placer celle de l'éclairage des voitures, mais les règlements qu'elle prend dans ce but, lorsqu'ils cessent de s'appuyer sur une loi spéciale, n'ont d'autre base que la disposition générale de l'article 3 de la loi des 16-24 août 1790.

Si donc la loi du 30 mai 1851 n'a point conféré au pouvoir exécutif le droit de prescrire l'éclairage des voitures particulières servant au transport des personnes; si ses règlements sur cet objet n'ont d'autre base légale que la loi de 1790 ; si enfin l'article 5 de la loi du 30 mai ne sanctionne que les dispositions réglementaires applicables aux voitures qui *ne servent point au transport des personnes,* il paraît difficile d'admettre que les arrêtés des préfets, pris en vertu de l'article 2 du décret du 4 mars 1858, aient d'autre sanction que l'article 471, n° 15, du Code pénal.

La Cour suprême sera sans doute prochainement appelée à trancher la question que je viens d'examiner, et si elle se prononce dans le sens de l'opinion que je viens d'émettre, ce qui me paraît vraisemblable, il deviendra indispensable de reviser la loi du 30 mai 1851.

Un arrêt de la Cour de cassation (1) a décidé que la dispense d'éclairage des voitures d'agriculture ne s'applique point à celles qui servent au transport des récoltes « de la ferme au marché.» A cet arrêt, il faut en joindre un autre qui consacre la même solution (2).

Cependant, par une décision intermédiaire (3), la même Cour a adopté la doctrine opposée, en jugeant que le tribunal de simple police, saisi de la poursuite dirigée contre un cultivateur prévenu d'avoir fait circuler une voiture pendant la nuit, sans que cette voiture fût éclairée, peut, sans violer l'article 15 du règlement du 10 août 1852, le relaxer de l'action du ministère public, lorsqu'il déclare en fait que la voiture dont il s'agit servait ou venait de servir à transporter des récoltes au marché.

Laquelle de ces deux solutions doit obtenir la préférence? L'article 15 ne contenant pas la définition des voitures d'agriculture qu'il affranchit de l'obligation de l'éclairage, cette définition doit-elle être prise dans les articles 2, § 2, de la loi du 30 mai et 11 du décret d'exécution du 10 août, qui affranchissent de toute réglementation de largeur de chargement les voitures de l'agriculture servant au transport des récoltes de la ferme aux champs et des champs à la ferme *et au marché*, ou bien dans les articles 3, § 4, de la loi et 16, § 4, du décret, qui dispensent de la mesure de la plaque les voitures employées à la culture des terres, au transport des récoltes, à l'exploitation des fermes, qui se rendent de la ferme aux champs ou des champs à la ferme ou qui servent au transport des objets récoltés du lieu où ils ont été recueillis jusqu'à celui où, pour les conserver ou les manipuler, le cultivateur les dépose ou les rassemble?

On a prétendu que l'article 15 (dispense d'éclairage) devait se combiner avec l'article 11 (affranchissement de largeur de chargement), à raison de la corrélation qui existerait entre les deux

(1) Arrêt du 1ᵉʳ mars 1856 (Dev., 1856, p. 634; *J. du Pal.*, 1856, t. II, p. 488 ; Annales des just. de paix, 1856, p. 339).

(2) Arrêt du 30 avril 1857 (Dev., 1857, p. 620; *J. du Pal.*, 1857, p. 1055).

(3) Arrêt du 26 févr. 1857 (Annales des just. de paix, 1857, p. 202).

articles, en ce que l'un et l'autre emploient ces expressions : *voitures d'agriculture*, que ne reproduit pas l'article 16, relatif à la dispense de plaque.

Je ne crois pas cette opinion fondée, et la doctrine consacrée par les deux arrêts des 1er mars 1856 et 30 avril 1857 me paraît préférable à celle de l'arrêt du 26 février 1857, et plus conforme à l'esprit de la loi.

Si, en affranchissant de toute réglementation de chargement les voitures de l'agriculture, l'article 2, §2, de la loi et l'article 11 du règlement accordaient cette immunité à toutes les voitures dont la circulation a lieu pour le service d'une exploitation agricole, on pourrait peut-être conférer avec leurs dispositions celle de l'article 15 du règlement qui dispense ces voitures de la mesure de l'éclairage ; mais il n'en est point ainsi. L'affranchissement de largeur de chargement n'est concédé aux voitures d'agriculture qu'autant qu'elles sont employées au transport des récoltes de la ferme aux champs et des champs à la ferme ou au marché. C'est donc seulement pour le cas exceptionnel où elles sont affectées à cet usage que cette dispense doit leur profiter. Dans toute autre circonstance, quoique voitures d'agriculture, elles sont soumises aux prescriptions de la première partie de l'article 11 du décret, relatives au chargement.

Si donc, pour reconnaître quelles sont les voitures non soumises à l'éclairage, il fallait recourir à la disposition de cet article, si l'on décidait que celles-là seules sont dispensées de lanterne qui, seules aussi, sont affranchies de largeur de chargement, on serait amené à conclure que les voitures d'agriculture employées dans un grand nombre de circonstances, quoique pour un intérêt exclusivement agricole, sont astreintes à l'obligation d'être éclairées, en sorte que, loin d'élargir le cercle de l'exception, on le restreindrait au contraire considérablement.

En effet, une voiture chargée ou non, allant soit aux champs, soit à la ferme pour toute autre cause qu'un transport de récoltes, celle même qui reviendrait vide du marché où elle en aurait conduit, serait assujettie à l'éclairage, puisque l'article 11 ne lui est point applicable.

On voit donc que la définition des voitures d'agriculture ne peut être puisée dans cet article qui ne la contient pas, et il me paraît facile de démontrer non-seulement qu'on la trouve dans le n° 4 de l'article 16 , mais encore qu'il existe, entre la dispense de plaque et la dispense d'éclairage , la corrélation qu'on essaye d'établir entre celle-ci et l'affranchissement de largeur de chargement.

Le n° 4 de l'article 16 du règlement, qui reproduit textuellement la disposition du n° 4 de l'article 3 de la loi, affranchit de la plaque les voitures employées *à la culture des terres, à l'exploitation des fermes, au transport des récoltes ou des objets récoltés,* dans les termes qu'il indique.

Est-ce là une définition générale et qui embrasse tous les usages quelconques auxquels une voiture d'agriculture peut être employée? Il me semblerait difficile de soutenir le contraire. Elle satisfait pleinement aux besoins des cultivateurs, et je doute qu'elle en ait laissé un seul de côté. Mais, dit-on, elle ne comprend pas celles qui portent les récoltes au marché. Non, sans doute, car une voiture qui conduit des récoltes au marché n'est pas une voiture d'agriculture proprement dite; en un tel cas, sa circulation a lieu dans l'exercice d'une sorte d'opération de roulage, affranchie, il est vrai, de la réglementation du chargement, mais de cela seulement, puisque, quand elle est vide, ou quand elle ramène du marché autre chose que des récoltes, la disposition de l'article 11 cesse de lui être applicable.

Si donc cet article, conçu au point de vue tout spécial de l'approvisionnement des marchés par les cultivateurs, ne définit pas d'une manière générale et complète ce qu'on doit entendre par voitures d'agriculture, et si cette définition se trouve dans le n° 4 de l'article 16, c'est évidemment dans cette dernière disposition qu'il faut l'aller chercher pour donner à l'article 15 le complément dont il a besoin.

Il est un autre point sur lequel ces deux dernières dispositions sont en parfaite corrélation; c'est l'analogie qui existe entre les motifs qui ont porté le législateur à affranchir les voitures d'agriculture de l'obligation d'être munies de plaque et d'être pourvues de lanterne, analogie que relèvent avec soin les deux arrêts précédemment cités des 1<sup>er</sup> mars 1856 et 30 avril 1857; c'est que cette double immunité est concédée à ces voitures parce qu'il leur suffit le plus souvent de fréquenter les simples chemins ruraux.

C'est là, en effet, ce qui a déterminé le législateur. Il n'a voulu soumettre des voitures, qui généralement ne circulent point sur les grandes voies publiques dont il s'est occupé, ou qui ne font que les traverser ou les parcourir sur une faible étendue, ni à la mesure de l'éclairage qu'il a laissé aux administrations locales le soin de prescrire, lorsqu'elles le jugeraient convenable, ni à celle de la plaque, inutile pour celles qui ne s'écartent point du lieu où ceux à qui elles appartiennent ont leur établissement et sont parfaitement connus.

L'infraction aux arrêtés préfectoraux ou municipaux qui rendent applicable aux voitures d'agriculture la disposition de l'article 15 du règlement du 10 août 1852 trouve-t-elle sa répression dans la disposition générale de l'article 471, n° 15, du Code pénal ou dans l'article 5 de la loi du 30 mai 1851 ?

La solution de cette question doit être puisée dans ces termes mêmes de la partie finale dudit article 15 : « Cette disposition pourra être appliquée, etc. »

Lorsqu'un préfet, un maire, ont usé du droit que leur confère cet article, l'éclairage devient obligatoire pour les voitures d'agriculture, non pas seulement en exécution de l'arrêté préfectoral ou municipal qui prescrit cette mesure, mais en conformité de l'article 15 lui-même, dont la disposition devient ainsi applicable et commune aux voitures de cette catégorie.

L'arrêté local, pour ainsi parler, fait corps avec la disposition du règlement d'administration publique elle-même, dont il étend les effets, et, comme elle, il se trouve assurer, quant à la mesure de l'éclairage, l'exécution de l'article 2, § 2, n° 5, de la loi du 30 mai 1851.

Et il importe de remarquer qu'on ne saurait objecter ici ce que j'ai dit au commencement de ce paragraphe, relativement aux voitures particulières servant aux personnes, car une voiture d'agriculture est destinée au transport des marchandises, et rentre bien dans la catégorie de celles auxquelles sont applicables les mesures de police que les règlements peuvent prescrire en exécution de l'article 2, § 2, n° 5, de la loi du 30 mai, dont la disposition est sanctionnée par l'article 5 de ladite loi.

La conséquence à en tirer c'est que, si l'infraction à l'arrêté qui impose aux conducteurs des voitures d'agriculture l'obligation de les pourvoir d'une lanterne, lorsqu'elles circulent pendant la nuit, est une désobéissance à cet arrêté, elle constitue aussi une contravention à l'article 15 du règlement et doit, dès lors, être réprimée en vertu de l'article de la loi qui sanctionne sa prescription.

Mais je rappelle qu'il n'en est ainsi qu'en ce qui concerne la circulation sur l'une des voies publiques dont la loi et le décret se sont occupés ; que si la mesure embrasse aussi les voitures circulant dans les rues et places, sur de simples chemins vicinaux ou ruraux, cette mesure étant prise non plus en exécution de l'article 15 du décret, mais en vertu des pouvoirs généraux dont l'autorité municipale est investie, dans un intérêt de sûreté publique et de sécurité, par le n° 1 de l'article 3, titre II de la loi des 16-24 août 1790, l'infraction ne pourrait trouver sa répression que dans l'article 471, n° 15, du Code pénal.

Du temps pendant lequel l'éclairage des voitures en circulation<br>doit avoir lieu.

J'ai pensé que, dans le silence du décret du 10 août 1852, on devait entendre par *nuit* tout l'intervalle compris entre le coucher du soleil et son lever, et je me suis fondé sur les décisions de la jurisprudence qui admettent cette interprétation en matière pénale (1).

Depuis la publication du *Traité*, deux arrêts sont intervenus par lesquels la Cour de cassation a décidé que les dispositions de l'article 1037 du Code de procédure civile qui fixent les heures auxquelles doivent être faites les significations et les exécutions pendant les deux saisons d'hiver et d'été, sont entièrement inapplicables lorsque, en matière de police du roulage, il s'agit de déterminer le temps pendant lequel les voitures ne peuvent circuler sans être éclairées (2).

----

(1) *Traité de la police du roulage*, p. 104 et 105, n° 61.
(2) Ces deux arrêts sont de la même date: 7 févr. 1857 (Dev., 1857,

Nul doute que les dispositions dont il s'agit ne doivent rester sans application relativement aux matières pénales.

Réglant les heures de nuit au seul point de vue de la procédure, le législateur a pris pour base une moyenne qui ne saurait convenir à tous les cas où il importe de reconnaître la durée de la nuit légale. A peu près indicative du temps vrai aux époques où commencent l'été et l'automne et où finissent l'été et l'hiver, cette moyenne en diffère considérablement pour les époques intermédiaires. Ainsi, par exemple, vers la fin de décembre, la nuit qui, en réalité, commence vers quatre heures du soir et ne finit que vers huit heures du matin, ne comprendrait, d'après l'article 1037, que l'intervalle de temps renfermé entre six heures du matin et six heures du soir.

Si donc les arrêts que je viens de citer n'avaient fait que repousser l'application de cet article, la doctrine qu'ils consacrent serait à l'abri de toute critique. Mais la Cour suprême décide, en outre, que, l'article 15 du décret de 1852 ayant parlé du temps de nuit sans en fixer les limites légales selon la différence des saisons et des époques, il suffit, pour rendre le défaut d'éclairage punissable, qu'il soit établi *qu'il était nuit* au moment où ont été rencontrées les voitures en circulation.

Si cette interprétation de l'article 15 du décret de 1852 est celle qu'on doit admettre, il faut reconnaître qu'elle laisse une grande place au doute et à l'arbitraire, et que les constatations, et par suite les décisions de la justice, seront dépourvues d'uniformité; car, dès l'instant que n'étant pas réglé d'une manière fixe et invariable, le temps de nuit sera laissé à l'appréciation des fonctionnaires chargés d'assurer l'exécution de la mesure de l'éclairage, tel d'entre eux, de très-bonne foi d'ailleurs, verbalisera contre un conducteur dont la voiture n'est point éclairée, alors qu'à la même heure, dans la même localité, tel autre, ne jugeant pas la nuit venue, ne verra aucune contravention.

L'existence du jour ou de la nuit, au moment de la constatation, est un fait matériel dont le juge ne peut assurément vérifier

p. 486; *J. du Pal.*, 1857, p. 1179; Annal. des just. de paix, 1857, p. 184 et 185).

par lui-même l'exactitude, lorsqu'il est appelé à prononcer sur la poursuite. Cependant l'énonciation du procès-verbal peut être débattue par la preuve contraire. Or, si le prévenu produit des témoins qui, contrairement à cette énonciation, déclarent qu'il ne faisait pas encore nuit au moment où l'infraction a été constatée, quels éléments le juge aura-t-il pour apprécier le mérite de l'énonciation du procès-verbal et la valeur des témoignages qui y sont opposés, si aucune circonstance accessoire ne vient l'éclairer ?

En outre, on sait que les lois, les lois pénales surtout, doivent être claires, précises et sans équivoque ; soit qu'elles enjoignent, soit qu'elles prohibent, elles doivent éclairer pleinement les citoyens et ne laisser aucun doute sur les obligations qu'elles leur imposent. Or, ne peut-il pas arriver que, dans l'instant où l'agent verbalise contre lui pour défaut d'éclairage, un conducteur, y voyant clair pour diriger son attelage, ait pensé qu'il faisait jour encore ou que la nuit avait cessé, selon qu'il s'agit du soir ou du matin, et que, dès lors, il n'était pas tenu d'allumer sa lanterne ?

Ce sont là, je crois, des inconvénients dont la gravité ne peut être méconnue, gravité d'autant plus grande que, les contraventions de police existant par la seule matérialité du fait qui les constitue, l'excuse de bonne foi est inadmissible.

Donc, malgré tout mon respect pour les décisions de la Cour suprême, je persiste à penser qu'en matière de police du roulage, comme en toute autre matière pénale, où la loi n'a pas défini, précisé le temps de nuit, ce temps consiste dans l'intervalle qui existe entre le coucher et le lever du soleil.

### § 7. *Stationnement, sur la voie publique, de voitures attelées ou non attelées.*

J'ai exposé les motifs qui me portent à penser que le conducteur qui laisse stationner sa voiture sur une route impériale ou départementale, ou sur un chemin de grande communication, et, en même temps, abandonne les chevaux qui y sont attelés, commet deux contraventions distinctes, l'une à l'article 10 du décret du 10 août 1852 pour stationnement, l'autre à l'article 14 pour ne s'être point tenu à portée de guider son attelage, et, dès lors, est passible d'une double peine (1).

J'ajoute qu'il serait irrationnel, injuste même, ce semble, que ce conducteur, enfreignant ainsi deux dispositions différentes, ne fût pas punissable plus sévèrement que celui qui, auteur d'un pareil fait de stationnement, mais resté à la tête de ses chevaux et à portée de les diriger, n'aurait manifestement contrevenu qu'à la prohibition de l'article 10.

Cette opinion me paraît résulter implicitement d'un arrêt récent intervenu dans une espèce où un tribunal de simple police avait relaxé le prévenu d'un fait de stationnement de voiture attelée, sur une route impériale, en se fondant sur le motif que le stationnement n'avait pas duré plus de cinq minutes et que le conducteur veillait à ses chevaux. Par cet arrêt, la Cour suprême a cassé ce jugement pour violation des articles 2, § 2, n° 2, de la loi du 30 mai 1851 et 10 du règlement du 10 août 1852 : « At- « tendu, dit l'arrêt, que la contravention existe alors même que « le conducteur serait resté à la portée de ses chevaux, parce « qu'on ne saurait confondre le stationnement sur la voie publi- « que, prévu par les articles ci-dessus, avec le fait d'abandon de « la conduite des chevaux par les conducteurs, lequel est prévu « *par l'article 475, n° 3, du Code pénal* » (l'arrêt contient ici une erreur matérielle, car le fait d'abandon des chevaux sur une grande route, cas dont il s'agissait, est prévu par la première disposition de l'article 14 du règlement, et punissable, dès lors, par application de l'article 5 de la loi du 30 mai) (2).

### § 8. *Défaut ou insuffisance de plaque.*

La loi du 30 mai 1851 et le décret réglementaire d'exécution du 10 août 1852, cela est aujourd'hui bien compris par tout le monde, ne sont relatifs qu'à la police du roulage et des messageries publiques sur les routes impériales ou départementales et sur les chemins vicinaux de grande communication : leurs dispo-

(1) *Traité de la police du roulage,* p. 109 et 110, n° 65.
(2) Arrêt du 6 août 1857 (ANNALES DES JUST. DE PAIX, 1858, p. 71).

sitions, ainsi restreintes, ne sauraient donc recevoir application lorsque la circulation des voitures a lieu sur une voie publique de petite vicinalité. Par suite, il est incontestable que les articles 2, § 1er, n° 4, 3 et 7 de la loi du 30 mai, ainsi que l'article 16 du décret du 10 août, ne peuvent être étendus aux voitures qui sont trouvées circulant sur un simple chemin vicinal ou rural, ou dans une rue qui n'est pas le prolongement de l'une des grandes voies publiques dont je viens de parler. C'est d'ailleurs ce que la Cour de cassation a formellement jugé par quatre arrêts (1).

Mais les dispositions nouvelles laissent de plein droit subsister toutes les dispositions précédentes qui n'ont point été abrogées, soit formellement, soit tacitement.

Il s'agit donc de savoir si, au cas particulier, objet de mon examen, l'obligation de la plaque est prescrite par quelque disposition encore subsistante de la législation antérieure.

Dans mon *Traité de la police du roulage* (2) j'ai distingué entre les localités où il existe un règlement ou arrêté de police imposant cette obligation, et les localités où il n'existe aucun arrêté ni règlement. Dans celles-là, ai-je dit, les prescriptions de cette nature, étant de celles qui rentrent dans l'exercice régulier du pouvoir municipal, sont pleinement obligatoires, sous la sanction de la disposition générale de l'article 471, n° 15, du Code pénal ; mais j'ai soutenu, contrairement à un arrêt de la Cour de cassation (3), que, dans les autres localités, aucune disposition de la législation générale ne soumettait à l'obligation de la plaque les voitures dont il s'agit. Depuis lors, trois autres arrêts de la Cour de cassation (4) sont venus ajouter à l'autorité de celui dont j'ai combattu la doctrine. Ça a été pour moi un puissant motif d'étudier de nouveau la question dont il s'agit, importante à raison surtout

(1) 21 juin 1855 (Dev., 1855, p. 679; *J. du Pal.*, 1856, t. Ier, p. 67; Annales des just. de paix, 1856, p. 87), 13 mars et 9 mai 1856 (Dev., 1856, p. 766 et 767; *J. du Pal.*, 1857, p. 262; Annal., 1857, p. 366 et 410), 16 juillet 1857 (Annal., 1858, p. 66).

(2) P. 148 à 155, n°s 109 et 110.

(3) 21 juin 1855, cité note 1.

(4) Autres arrêts cités note 1.

de la fréquence avec laquelle elle se produit dans les cantons ruraux.

Ce qu'il y a de remarquable, c'est que les pourvois sur lesquels sont intervenus trois des arrêts que je viens de citer étaient dirigés contre les décisions du même tribunal de police, décisions qui toutes ont été cassées, ce qui indique que le juge qui les a rendues, fort, sans doute, d'une conviction profonde, persévère dans la doctrine qu'il avait embrassée d'abord, doctrine que j'ai moi-même adoptée dans mon *Traité*.

Or, après nouvel et profond examen de la question, je dois déclarer que je persiste aussi dans mon opinion.

Je vais reproduire ici, avec quelques additions, les motifs qui me portent à penser qu'en l'état actuel de la législation, les voitures qui circulent sur une voie publique autre que les routes impériales ou départementales et les chemins vicinaux de grande communication ne sont point assujetties à l'obligation de la plaque.

Dans l'espèce de l'arrêt du 21 décembre 1855, il s'agissait d'une *charrette* circulant dans les *rues* de la ville de Morlaix, et ne portant qu'une plaque dont l'inscription était entièrement illisible. Le tribunal de simple police de Morlaix, saisi de la poursuite, avait relaxé le prévenu, par ce motif que, la charrette n'ayant point été rencontrée circulant sur une route impériale ou départementale, ou sur un chemin de grande communication, le fait reproché ne constituait aucune infraction à la loi.

La Cour a cassé ce jugement, et voici les motifs de sa décision, motifs identiquement reproduits par les arrêts des 9 mai 1856 et 16 juillet 1857.

« Attendu, en droit, que les dispositions générales du décret
« du 23 juin 1806, reproduisant les dispositions de l'article 9 de
« la loi de nivôse an VI, déclarent que tout propriétaire de voi-
« ture de roulage sera tenu de faire peindre sur une plaque de
« métal, en caractères apparents, son nom et le lieu de son domi-
« cile ; que cette plaque sera clouée en avant de la roue et au côté
« gauche de la voiture, et ce à peine de 25 francs d'amende ; que
« l'amende serait double si la plaque portait soit un nom, soit
« un domicile faux ou supposé ;

« Attendu que l'article 475, § 4, du Code pénal punit d'une
« amende de 6 à 10 francs ceux qui contreviendraient aux or-
« donnances et règlements ayant pour objet l'indication, à l'exté-
« rieur des voitures, du nom du propriétaire de la voiture ;

« Attendu que si, relativement à la disposition pénale (l'a-
« mende de 25 francs), les articles 9 et 34 des lois de nivôse an **VI**
« et du 23 juin 1806 sont abrogés, les dispositions générales étant
« maintenues, les infractions qui y sont commises constituent la
« contravention prévue par le paragraphe 4 de l'article 475 ;

« Par ces motifs, — Vu les articles des lois ci-dessus visées,
« CASSE et ANNULE le jugement du tribunal de simple police
« de Morlaix. »

Comme on le voit, la Cour se fonde, pour reconnaître l'infraction, sur les prescriptions de l'article 9 de la loi de nivôse an **VI**
et de l'article 34 du décret du 23 juin 1806 ; et, pour l'application des pénalités, sur la disposition du n° 4 de l'article 475
du Code pénal.

La doctrine de la Cour suprême a pour mobile, on ne saurait
le méconnaître, une pensée fort sage, puisqu'elle tend à géné-
raliser la mesure de la plaque, mesure qui tient essentiellement
à l'intérêt et à l'ordre publics ; mais j'ai la conviction profonde
que cette doctrine ne saurait être suivie, en ce qu'elle ajoute à la
loi. Le tribunal de police de Morlaix, à mon avis du moins, avait
consacré les vrais principes ; je vais essayer de le démontrer.

La loi du 24 fructidor an V et celle du 9 vendémiaire an **VI**
avaient disposé qu'il serait perçu sur toutes les *grandes routes*
une taxe d'entretien dont le produit était spécialement et uniquement affecté aux dépenses de leur entretien, réparation et
confection.

Dans le but de pourvoir à l'exécution de ces deux lois, celle du
3 nivôse an **VI** vint établir le tarif et déterminer les règles confor-
mément auxquels la taxe serait perçue ; et, pour assurer cette
perception, sous ce titre : *Police des barrières*, elle disposa, article 9 : « Tout propriétaire de voiture de *roulage* sera tenu de
« faire peindre sur une plaque de métal, en caractères apparents,
« son nom et son domicile ; cette plaque sera clouée en avant de
« la roue et au côté gauche de la voiture, et ce à peine de 25

« francs d'amende; l'amende sera double si la plaque portait soit
« un nom, soit un domicile faux ou supposé. »

La taxe d'entretien des routes fut supprimée par l'article 60
de la loi de finances du 24 avril 1806, et remplacée par une taxe
sur le sel à l'extraction des marais salants, taxe qui, sauf la quo-
tité du droit, subsiste encore aujourd'hui.

Avec la première de ces taxes disparurent nécessairement
toutes les dispositions qui avaient pour but unique d'en assurer la
perception.

Quelques mois plus tard, et pour l'exécution des lois sur la
police de la *grande voirie,* des 29 floréal an X et 7 ventôse an XII,
fut rendu le décret du 23 juin 1806. L'article 34 de ce décret
renouvela textuellement et sans y rien changer la disposition de
l'article 9 de la loi du 3 nivôse an VI, et l'article 38 attribua aux
Conseils de préfecture la connaissance des infractions à cette disposition.

Vinrent enfin la loi du 30 mai 1851 et le décret d'administration
publique du 10 août 1852. L'article 29 de cette loi est ainsi conçu :
« Sont et demeurent abrogés, à dater de la promulgation de la
« présente loi : —la loi du 29 floréal an X (19 mai 1802), relative à
« la police du roulage;—la loi du 7 ventôse an XII (27 février 1804);
« —le décret du 23 juin 1806; —ainsi que toutes autres disposi-
« tions contraires à celles de la présente loi. »

Le décret du 23 juin 1806 est donc abrogé dans son entier, non
pas seulement en ce qu'il serait contraire aux dispositions nouvelles, mais complétement et d'une manière absolue.

Or, si la disposition de l'article 9 de la loi du 3 nivôse an VI
n'existe plus, si celle identique de l'article 34 du décret impérial
du 23 juin 1806 est abrogée, est-il au pouvoir des tribunaux de
les faire revivre ?

Et d'ailleurs, ces dispositions eussent-elles encore force et vigueur, ce qui n'est point, pourrait-on les étendre à des voies publiques autres que celles à l'égard desquelles elles avaient pour
objet de réglementer la circulation ? Pourquoi, relatives seulement aux *grandes routes,* à la police de la *grande voirie,* leurs
prescriptions seraient-elles déclarées applicables aux rues et aux
simples chemins vicinaux ou ruraux, quand celles de la loi du

30 mai 1851 et du décret réglementaire du 10 août 1852, qui ont le même objet et qui les remplacent, y sont, avec raison d'ailleurs, reconnues complétement étrangères ?

En outre, on vient de voir que l'article 9 de la loi de nivôse et l'article 34 du décret de 1806 n'imposaient la mesure de la plaque qu'aux voitures de *roulage*. Or, peut-on ranger dans cette catégorie, en les considérant comme voitures de roulage, les charrettes et autres véhicules des cultivateurs et autres particuliers dont la circulation est restreinte aux voies publiques urbaines et aux chemins de petite vicinalité ?

Il me paraît donc impossible de ne pas reconnaître que ces dispositions ont totalement disparu de notre législation, et que, dans tous les cas, elles ne seraient point applicables aux voitures qui n'appartiennent point au roulage proprement dit, et qui ne circulent point sur les grandes voies de communication.

Pour démontrer surabondamment que l'obligation de la plaque, imposée par l'article 34 du décret de 1806, ne comprenait que les voitures circulant sur les grandes routes, ne suffit-il pas de faire remarquer que la connaissance de toutes les contraventions était déférée par l'article 38 au Conseil de préfecture.

Si, imposée d'une manière générale, cette obligation eût été applicable aussi aux voitures en circulation sur les autres voies publiques, elle eût été, sous ce rapport, dépourvue de sanction, car les Conseils de préfecture, à raison de la nature tout exceptionnelle de leurs attributions, n'étant appelés à connaître que des contraventions de grande voirie, n'eussent pu puiser dans ledit article 38 le pouvoir de réprimer les infractions qui y auraient été commises.

En ce qui concerne la pénalité, les arrêts dont je me permets de combattre la doctrine la puisent, on l'a vu, dans la seconde disposition du n° 4 de l'article 475 du Code pénal, qui prononce l'amende de 6 à 10 francs contre ceux qui contreviennent aux dispositions des ordonnances et règlements ayant pour objet : la solidité des *voitures publiques*, leur poids, le mode de leur chargement ; le nombre et la sûreté des voyageurs ; l'indication, dans l'intérieur des voitures, des places qu'elles contiennent et du prix des places ; *l'indication, à l'extérieur, du nom du propriétaire.*

Or, jamais cette disposition n'a eu pour but de réprimer les contraventions résultant de l'absence ou de l'irrégularité de la plaque prescrite, par la loi de nivôse et le décret de 1806, aux propriétaires de voitures de roulage (ces contraventions, je l'ai dit, étaient déférées aux Conseils de préfecture); son texte indique de la manière la plus explicite qu'elle ne concerne que les *voitures publiques*, c'est-à-dire celles employées au transport des personnes.

Examinons, au surplus, comment cette partie du n° 4 de l'article 475 a été introduite au Code pénal.

Une ordonnance du 16 juillet 1828, contenant règlement général sur les *voitures publiques*, et qui a remplacé, en les abrogeant, un décret du 28 août 1808 et une autre ordonnance du 4 février 1820, déterminait le mode de construction, le chargement et le poids de ces voitures ; elle exigeait, par ses articles 4 et 5, que chaque voiture portât, *à l'extérieur, le nom du propriétaire ou de l'entrepreneur*, et qu'elle contînt dans l'intérieur l'indication du nombre de places, ainsi que le numéro et le prix de chaque place.

Vint ensuite la loi du 28 juin 1829, qui déféra aux tribunaux de simple police, et déclara punissables de l'amende portée au n° 4 de l'article 475 du Code pénal, les infractions aux dispositions des ordonnances ayant pour objet : la solidité des *voitures publiques*, leur poids, le mode de leur chargement; le nombre et la sûreté des voyageurs; l'indication, dans l'intérieur des voitures, des places qu'elles contiennent et du prix de ces places, et *l'indication, à l'extérieur, du nom du propriétaire.*

Et c'est cette disposition de la loi de 1829, qui était venue sanctionner les prescriptions de l'ordonnance du 16 juillet 1828, que la loi du 28 avril 1832 introduisit dans l'article 475 du Code pénal, article dont elle forme la seconde partie du n° 4, en y ajoutant, après ces mots : « *ceux qui contreviendraient aux dispositions des ordonnances,* » ceux-ci : « *et règlements,* » prévoyant ainsi, sans doute, qu'il pourrait exister ou intervenir des arrêtés préfectoraux ou locaux qui imposeraient les mêmes prescriptions aux *voitures publiques* circulant dans les rues et sur des chemins autres que ceux dont s'étaient occupés le décret du 28 août 1808 et les ordonnances des 4 février 1820 et 16 juillet 1828.

Si donc on doit contester l'application de la loi du 3 nivôse an VI et du décret du 23 juin 1806, au point de vue de l'obligation de la plaque, on ne peut admettre davantage, au point de vue de la pénalité, l'application de la loi du 28 juin 1829 et de la seconde disposition du n° 4 de l'article 475 du Code pénal, qui l'a remplacée.

Par un arrêt intermédiaire (1), la Cour de cassation a consacré cette interprétation, quant à la non-applicabilité de cette disposition, en décidant que, quand il est constaté, en point de fait, qu'une voiture trouvée circulant dans les rues d'une ville « était un tombereau chargé de terre, » on ne saurait, en droit, ranger ce tombereau au nombre des *voitures publiques* dont parle l'article 475, § 4, du Code pénal, et rechercher si l'absence de toute indication, à l'extérieur dudit tombereau, du nom du propriétaire, ne constituerait pas une infraction aux dispositions combinées dudit article 475, n° 4, et des ordonnances et règlements antérieurs et spécialement de l'article 34 du décret du 23 juin 1806.

La doctrine de cet arrêt, malgré sa partie finale qui, comme on le voit, paraît maintenir l'applicabilité de l'article 34 du décret de 1806, est totalement contraire à la doctrine qui résulte des quatre arrêts cités plus haut, et elle ruine complétement le système d'interprétation sur lequel ils sont appuyés. En effet, dès l'instant qu'il sera reconnu que la disposition répressive de l'article 475, n° 4, du Code pénal ne concerne que les voitures publiques, les prescriptions de l'article 34 du décret de 1806, persistât-on à les considérer comme subsistantes à l'égard d'une circulation qu'elles n'ont jamais eu pour but de réglementer, n'auront plus de sanction, car il n'existe aucune disposition pénale à laquelle on puisse les rattacher.

Un dernier mot. En déclarant, par ses quatre arrêts, que l'article 9 de la loi de nivôse et l'article 34 du décret de 1806 avaient pour objet de prescrire l'usage de la plaque, même pour les voitures circulant sur des voies publiques autres que les grandes routes, la Cour de cassation ajoute que la seconde disposition

_____

(1) 21 déc. 1855 (*J. du Pal.*, 1857, p. 1143; ANNALES DES JUST. DE PAIX, 1856, p. 187).

du n° 4 de l'article 475 du Code pénal est venue modifier l'amende qu'ils avaient édictée. S'il en était ainsi, la modification aurait également porté sur la compétence, puisque, d'après l'article 38 du décret, cette amende devait être prononcée par le Conseil de préfecture.

Or, c'est là une erreur palpable, car, d'une part, la modification de l'amende encourue pour défaut de plaque n'a été opérée que par la loi nouvelle du 30 mai 1851 ; jusque-là, les Conseils de préfecture l'ont appliquée ; d'autre part, ces Conseils n'étant appelés, je l'ai dit déjà, à connaître que des contraventions de grande voirie, étaient sans pouvoir pour réprimer celles commises sur des voies publiques de petite vicinalité. D'où la conséquence que l'article 34, s'il eût été applicable à ces voies publiques, eût été dépourvu de sanction depuis 1806 jusqu'à la loi du 28 avril 1832, qui a introduit au Code pénal la disposition du n° 4 de l'article 475, ou tout au moins jusqu'à la loi du 28 juin 1829, qui l'avait originairement édictée.

La doctrine que la Cour suprême a embrassée a de singulières conséquences. Si les articles 9 de la loi de nivôse et 34 du décret de 1806 avaient conservé force et vigueur, et s'ils s'appliquaient à toute espèce de voitures servant au transport des marchandises, en circulation sur les voies publiques urbaines et rurales, il en résulterait que les voitures de l'agriculture, affranchies de la mesure de la plaque par la loi du 30 mai 1851 (article 3), lorsqu'elles voyagent sur les grandes voies de communication, y seraient au contraire assujetties quand leur circulation n'a lieu que dans les rues et sur les chemins de petite vicinalité, c'est-à-dire là où cette obligation est beaucoup moins nécessaire.

En résumé, je suis amené à dire que, dans l'état actuel de la législation, ni le propriétaire ni le conducteur d'une voiture servant au transport des marchandises ou destinée par sa forme à en transporter, trouvée circulant sur une voie publique autre qu'une route impériale ou départementale ou qu'un chemin vicinal de grande communication, sans que cette voiture soit pourvue de plaque, ne commet aucune contravention, à moins qu'un règlement ou arrêté préfectoral ou municipal, contenant des prescriptions à cet égard, n'ait ainsi comblé la lacune qui existe dans la loi, lacune regrettable, sans doute, que les tribunaux ont le droit et qu'il est même de leur devoir de signaler, mais qu'il ne leur appartient pas de faire disparaître en devançant l'œuvre du législateur.

Et, dans les localités où un tel règlement existe, l'infraction dont il est l'objet trouve sa répression, non dans l'article 475, n° 4, du Code pénal qui, je le répète, ne serait applicable qu'aux *voitures publiques* servant au transport des voyageurs; mais dans l'article 471, n° 15, du Code pénal qui punit les contraventions aux règlements ou arrêtés de l'autorité administrative ou à ceux publiés par l'autorité municipale.

# OBSERVATIONS ADDITIONNELLES.

Pendant le tirage de ce SUPPLÉMENT, on me communique un petit ouvrage que vient de faire paraître M. Vuatiné, juge de paix à la Rochelle, et qui doit servir de complément au *Code des tribunaux de simple police*, publié l'an dernier.

Sous ce titre : *Police du roulage*, l'auteur fait connaître les solutions que j'ai données à diverses questions nées, les unes de l'interprétation du règlement d'administration publique du 10 août 1852, les autres du texte du décret impérial des 24 février-4 mars 1848, combinés avec la loi organique du 30 mai 1851.

D'accord avec moi sur plusieurs points, M. Vuatiné résout cependant certaines difficultés d'une manière différente. L'estime que je professe pour les écrits de mon honorable contradicteur a été pour moi un puissant motif de réexaminer les objets de la controverse, et, persévérant dans l'opinion que j'ai embrassée, je crois de mon devoir de repousser une doctrine que je crois fautive, en démontrant le vice des arguments sur lesquels elle est appuyée.

## I. — ÉCLAIRAGE DES VOITURES.

*Voitures particulières servant au transport des personnes.*

Suivant M. Vuatiné, p. 76 et 77, les arrêtés préfectoraux qui, en exécution de l'article 2 du décret de 1858, assujettissent à l'éclairage les voitures particulières servant au transport des personnes, trouvent leur sanction dans l'article 5 de la loi du 30 mai 1851. J'ai émis ci-dessus, p. 22 à 25, l'opinion contraire.

Pour justifier la sienne, l'auteur du *Code annoté* présente d'a-
« bord un premier argument : Ces expressions du titre II du décret
« de 1852, dont fait partie l'article 15 : *voitures ne servant pas*
« *au transport des personnes*, ne doivent pas, dit-il, être prises
« à la lettre ; elles n'ont été employées que par opposition à celles-

« ci : *voitures des messageries*, elles désignent donc toutes autres
« voitures que les voitures publiques. »

Il serait vraiment par trop extraordinaire que, dans cette ex-
pression, si catégorique et si claire : *voitures ne servant pas au
transport des personnes*, le législateur eût entendu comprendre
celles qui, précisément, sont destinées au transport des personnes.
Si les dispositions du titre II eussent dû s'appliquer sans exception à toutes voitures quelconques, autres que celles qui appartiennent au service des messageries, il eût été fort simple de dire
et l'on eût dit en effet, en rédigeant la rubrique du titre II : *Dispositions applicables aux voitures autres que celles des messageries.*

Il y a plus, si cette rubrique avait la portée qu'on lui prête, les
voitures particulières eussent été soumises à l'éclairage de par le
règlement de 1852, et il n'était nullement besoin d'une disposition nouvelle pour les y assujettir. L'article 2 du décret de 1858
n'aurait aucune raison d'être, il ne serait qu'une superfétation, il
contiendrait même un non-sens, car on ne comprendrait pas que
l'autorité centrale eût jugé nécessaire de confier aux préfets le
soin d'imposer une mesure déjà prescrite et qu'elle-même avait
édictée.

En outre, il faudrait logiquement admettre que les voitures
particulières , non-seulement étaient astreintes à l'obligation
d'être éclairées, mais qu'elles sont soumises aussi à toutes les autres mesures prescrites par les dispositions d'un titre qu'on leur
déclare applicable. Ainsi les conducteurs de ces voitures seraient
tenus d'observer les règles relatives à la formation des convois
(art. 13), au nombre de conducteurs exigé pour la conduite de
chaque convoi (art. 14), règles qui manifestement ne peuvent
concerner que les voitures destinées au transport des marchandises.

Telles sont les conséquences de la doctrine que je combats. Ne
suffit-il pas de les signaler, pour démontrer que cette doctrine ne
saurait se soutenir ?

« L'article 2 du décret de 1858, ainsi que l'annonce son titre,
« dit M. Vuatiné, est interprétatif de l'article 15 de celui du
« 10 août 1852 et en forme le complément. »

Celle appréciation n'est pas entièrement exacte. Les dispositions nouvelles complètent les prescriptions antérieures, cela est vrai, mais elles les modifient; elles y ajoutent et ne les interprètent pas.

Enfin, dit l'auteur en terminant : « Si les contraventions aux « arrêtés des préfets et même à ceux des maires, qui exigent « l'éclairage des voitures d'agriculture, sont passibles des peines « que prononce l'article 5 de la loi du 30 mai, à plus forte raison « doit-il en être de même des contraventions aux arrêtés qui « prescrivent l'éclairage des voitures particulières servant au « transport des personnes, puisque ces dernières parcourent de « plus grandes distances sur les routes faisant partie de la grande « voirie.»

Il est bien évident que les motifs qui rendent nécessaire l'éclairage des voitures d'agriculture commandent, plus impérieusement encore peut-être, l'éclairage des voitures particulières dans l'intérêt si grave de la sûreté des routes et de la sécurité des personnes qui sont obligées à les parcourir. La raison prescrit que cette mesure soit imposée aux unes et aux autres, et, s'il s'agissait de résoudre la question de savoir si leurs conducteurs devraient être soumis aux mêmes pénalités, lorsqu'ils s'en affranchissent, la réponse ne pourrait qu'être affirmative. Mais telle n'est pas la difficulté : il s'agit de décider si, dans l'état de la législation, l'article 5 de la loi du 30 mai 1851, qui ne sanctionne d'autres dispositions que celles exclusivement relatives aux voitures *ne servant point au transport des personnes*, doit être étendu et considéré comme applicable aux prescriptions réglementaires imposées à des voitures qui ne sont employées ou destinées qu'*au transport des personnes;* or, je crois avoir démontré qu'il ne peut en être ainsi. Je n'ai que deux mots à ajouter :

Si le n° 5 du paragraphe 2 de la loi du 30 mai, en vertu duquel la mesure de l'éclairage est imposée par l'article 15 du règlement du 10 août 1852, au lieu d'être conçu ainsi : «§ 2. *Pour* « *les voitures ne servant pas au transport des personnes,* » contenait cette disposition : «§ 2. *Pour toutes les voitures,*» l'article 2 du décret de 1858, complétant réellement ledit article 15 en prescrivant une mesure que le pouvoir exécutif eût été chargé de prendre, qu'il avait dès lors le droit d'édicter en 1852, mais dont il n'a reconnu la nécessité qu'en 1858, je concevrais l'application, aux conducteurs des voitures particulières, des pénalités de l'article 5 de la loi, puisque la prescription nouvelle trouverait sa base dans l'une des dispositions que cet article entend sanctionner ; mais je ne comprends pas, je le répète, qu'on veuille puiser, dans un article exclusivement relatif aux voitures qui ne servent point au transport des personnes, la peine qu'il s'agit d'infliger aux conducteurs des véhicules particuliers.

*Temps de nuit.*

J'ai donné les motifs qui me font repousser la doctrine d'après laquelle certains auteurs assignent au temps de nuit l'intervalle compris entre le crépuscule du soir et celui du matin ( V. au *Traité*, p. 105, n. 61); et, contrairement à deux arrêts récents, j'ai indiqué ci-dessus, p. 30 à 32, les graves raisons qui me portent à penser que le temps de nuit doit être réglé d'une manière fixe et invariable, et qu'en matière de police du roulage comme en toute autre matière pénale, il doit être renfermé entre le moment du coucher et celui du lever du soleil.

Plusieurs systèmes sont en présence :

D'après la Cour de cassation, l'éclairage des voitures est obligatoire dès l'instant qu'il est constaté qu'*il fait nuit.*

Suivant MM. Chauveau et Hélie, la nuit existe entre les deux crépuscules.

Quant à moi, me plaçant au seul point de vue légal, bien entendu, je crois que la nuit est venue quand le soleil est couché, et qu'avant son lever, le jour n'existe point encore.

M. Vuatiné, p. 81 et 82, n'accepte aucune de ces définitions. « Il nous paraît plus rationnel, plus conforme à l'ordre naturel « des choses, dit-il, d'admettre en principe que la nuit commence « une demi-heure après le coucher du soleil et finit une demi- « heure avant le lever de cet astre. »

Pourquoi une demi-heure avant, une demi-heure après ? Pourquoi cet intervalle plutôt qu'un autre ? Parce que cela est dans l'ordre naturel des choses, dit l'auteur. L'ordre naturel des choses, s'il était vrai qu'il fallût y recourir, et c'est là, ce semble, le système adopté par la Cour de cassation, ne comporte aucune limite inflexible : il est certains jours sombres où la nuit naît presque aussitôt que le soleil se couche, quelquefois même auparavant, où le jour est à peine perceptible bien qu'astronomiquement l'heure de son lever soit arrivée ; il en est d'autres, dans la belle saison surtout, où assez longtemps, soit avant le lever, soit après le coucher du soleil, la nuit n'existe plus déjà ou n'est point encore venue.

Or, ce sont les doutes qui peuvent résulter de ces différences, l'arbitraire auquel elles peuvent donner prise, qui me font repousser la nuit de fait, si je puis m'exprimer ainsi, pour admettre la nuit de droit que la jurisprudence a acceptée pour tous les cas où cette circonstance est aggravante ou constitutive d'un délit différent.

## II. — STATIONNEMENT DES VOITURES.

J'ai fait remarquer au *Traité*, p. 107 et 108, n° 63, que la disposition de l'article 10 du décret réglementaire du 10 août 1852, placée sous le titre II, applicable à toutes les voitures, et qui prohibe le stationnement de celles attelées ou non, correspond au n° 5 du paragraphe 2 de l'article 2 de la loi du 30 mai, relatif aux voitures qui ne servent point au transport des personnes, et au n° 5 du paragraphe 3 du même article concernant les voitures des messageries.

J'ai ajouté que l'article 5 de la même loi, n'accordant sanction qu'aux prescriptions réglementaires qui se rattachent aux n°ˢ 4 et 5 dudit article 2, était inapplicable au stationnement des voitures particulières servant au transport des personnes, stationnement qui, quand il est une cause d'embarras et gêne la circulation, quelle que soit la voie publique sur laquelle il s'est produit, reste évidemment soumis aux pénalités établies par l'article 471, n° 4, du Code pénal.

M. Vuatiné, p. 79, après m'avoir cité, s'exprime ainsi : « Cette « doctrine ne manquait pas de fondement à l'époque où elle a été

« émise, mais *elle ne nous paraît plus soutenable depuis le décret*
« *du 24 février* 1858. En effet, ce décret ayant décidé que l'ar-
« ticle 15 du règlement de 1852, placé sous la rubrique : *Dispo-*
« *sitions applicables aux voitures ne servant pas au transport des*
« *personnes*, peut être appliqué aux voitures particulières em-
« ployées à transporter des personnes, il faut reconnaître que les
« prescriptions des articles 9 et 10, qui figurent sous la rubrique :
« *Dispositions applicables à toutes les voitures*, sont, *à fortiori*,
« obligatoires pour les conducteurs de ces mêmes voitures. »

J'avoue mon impuissance à comprendre un pareil raisonne-
ment. Je me demande comment le décret de 1858, qui ne dit pas
un mot du stationnement, aurait l'effet de rendre obligatoire, pour
les voitures particulières, la disposition de l'article 10 du règlement de 1852 qui leur était totalement étrangère.

Peut-être était-il plus simple de soutenir que cette disposition,
de même que celle de l'article 9 qui impose aux rouliers et conducteurs l'obligation de se ranger et de laisser libre la moitié de la
chaussée, étant placée sous le titre Ier, comprend, dès lors, toute
espèce de voitures, les voitures particulières aussi bien que celles
du roulage et des messageries. Il est vrai que, tout en expliquant
de cette manière les dispositions dont il s'agit, on viendrait encore
se heurter contre l'impossibilité d'appliquer l'article 5 de la loi qui
ne sanctionne, il faut le répéter, que les prescriptions concernant
les voitures ne servant point au transport des personnes.

Il n'est donc pas vrai de dire que la doctrine que j'émettais en
commentant le décret de 1852 est sans fondement depuis le décret
nouveau. Ce décret n'a apporté ni modification ni extension à la
règle prohibitive du stationnement des voitures ; l'article 10 qui
la prescrit aujourd'hui a le sens et la portée qu'il avait précédemment, et, alors même que cette mesure serait expressément étendue, comme celle de l'éclairage, aux véhicules particuliers, les
peines portées en l'article 5 de la loi du 30 mai ne seraient point
applicables au cas d'infraction.

Le stationnement sur la voie publique d'une voiture attelée,
ai-je dit au *Traité*, p. 109, n° 65, peut avoir lieu de deux manières :
le conducteur étant présent ou l'ayant abandonnée. Dans le premier cas, la présence du conducteur ne suffit pas pour légitimer

l'obstruction de la voie publique. La loi défend le stationnement d'une manière absolue, elle ne le fait pas résider uniquement dans la circonstance que la voiture a été abandonnée par son conducteur. Dans le but de protéger la circulation, le législateur a voulu empêcher que la voie publique fût embarrassée; or, ce but ne serait point atteint si la seule présence du conducteur suffisait pour faire disparaître l'infraction alors qu'elle ne fait pas disparaître l'embarras.

C'est encore une solution que n'admet point M. Vuatiné. « Le « stationnement, dit-il, p. 80, ne constitue une contravention, « quand le conducteur est présent, qu'autant que le fait se pro- « longe et gêne la circulation. Il serait par trop rigoureux de voir « une contravention dans un stationnement de très-courte durée « et qui n'apporte aucune entrave à la circulation sur la route où « il se produit, car ce serait admettre qu'il n'est pas même per- « mis à un conducteur d'arrêter un instant sa voiture pour échan- « ger quelques mots avec une personne qu'il rencontre. »

Nous avons peine à comprendre qu'un esprit éclairé et auquel les matières de police paraissent familières émette une théorie à la fois si singulière et si dangereuse, qu'il subordonne l'existence de l'infraction à la condition que le fait qui la constitue ait une durée plus ou moins longue, qu'il engendre telle conséquence que la loi n'a point exigée pour qu'il fût punissable.

Le n° 4 de l'article 471 du Code pénal n'incrimine le dépôt de matériaux ou autres objets sur la voie publique qu'autant qu'em- barrassant cette voie, il a pour effet d'empêcher ou de diminuer la liberté ou la sûreté du passage. Lors donc qu'un tel dépôt n'a point ce résultat, qui seul le rend punissable, il est bien évident que celui qui l'a fait n'est passible d'aucune peine, car il n'a point désobéi à la loi, car il n'a commis aucune contravention.

Mais il en est autrement de la prohibition établie par l'article 10 du règlement du 10 août 1852; elle est absolue, je le répète : cet article n'exige ni que le stationnement ait été plus ou moins long ni qu'il ait eu pour effet d'entraver ou de gêner la circulation. Il n'est qu'un seul cas où le stationnement est déclaré légitime, c'est le cas où il a été commandé par la nécessité, circonstance que l'article 10 du règlement, de même que le n° 4 de l'article 471, regarde comme force majeure et qu'il déclare exclusive de toute contravention, appliquant ainsi à l'espèce particulière dont il s'agit le principe général posé en l'article 64 du Code pénal.

Sans doute, lorsqu'un stationnement n'a qu'une durée de quelques minutes, alors d'ailleurs que la circulation n'a point été entravée ni gênée, il est désirable qu'aucun procès-verbal ne soit dressé, qu'aucune poursuite ne soit intentée, car la loi doit être entendue humainement et exécutée d'une manière intelligente; mais si cependant l'auteur d'un tel fait était traduit devant le juge de police, ce juge ne pourrait qu'apprécier les circonstances atténuantes qui militent en faveur du prévenu et lui en appliquer le bénéfice, il est évidemment sans pouvoir pour refuser de réprimer un fait que la loi déclare punissable.

Les tribunaux répressifs, on le sait, ne peuvent suppléer une excuse que la loi n'admet point, il ne leur appartient donc pas de s'abstenir de réprimer un fait de stationnement en se fondant sur des circonstances autres que celles expressément indiquées par la loi.

Du reste, l'honorable dissident reconnaît lui-même que sa doctrine n'a pas l'appui de la Cour de cassation, et il eût été, croyons-nous, difficile qu'elle l'obtînt. J'invite le lecteur à se reporter à l'arrêt du 6 août 1857, précédemment cité page 33, note 2, qui tranche nettement la question.


FIN.


TYPOGRAPHIE HENNUYER, RUE DU BOULEVARD, 7. BATIGNOLLES.
Boulevard extérieur de Paris.

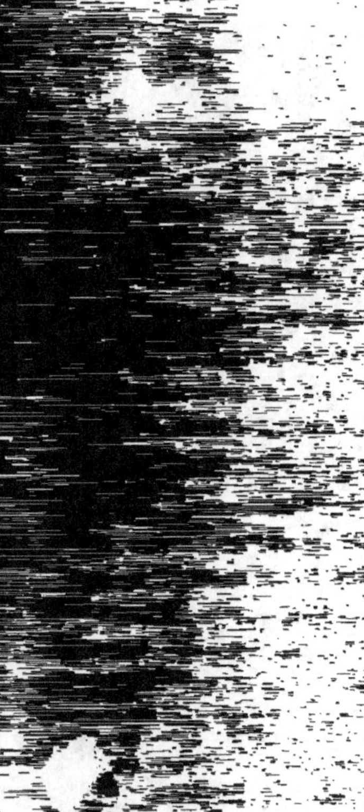

www.ingramcontent.com/pod-product-compliance
Lightning Source LLC
LaVergne TN
LVHW010323030726
842520LV00004B/1230